Escrito por María Isabel Sánchez Vegara

Gente pequena, **GRANDES SONHOS**™
PELÉ

Ilustrado por
Camila Rosa

Edson Arantes do Nascimento gostava de futebol desde menino.
Sempre que via uma bola, começava a chutar.
As ruas de Bauru o viram correndo, pequenino.
E ele, no futuro, Pelé passaria a se chamar.

Queria uma bola, mas não podia comprar,
afinal, sua família era pobre.
Fez uma sozinho, não se deixaria desanimar
porque seu entusiasmo era nobre.

Certa vez, ao chegar em casa, encontrou seu pai chorando.
O Brasil havia perdido a Copa do Mundo na final!
Pelé prometeu a si mesmo que, um dia, ele próprio
faria sua família e seu país felizes ganhando o Mundial.

Nas ligas juvenis, Pelé começou a competir
e, apesar de ser o melhor, não era grosseiro.
Conseguia marcar gols com qualquer pé
e até mesmo com o traseiro.

Um treinador o convenceu a viajar para Santos,
onde um time de futebol buscava novos talentos.
Pelé ficou muito triste ao se despedir de sua mãe,
de quem nunca se afastara desde seu nascimento.

Quando os dirigentes daquele clube
viram o menino de quinze anos jogando bola,
perceberam que ele seria um astro;
se treinasse muito, entraria para a história.

Já na partida de estreia, Pelé marcou seu primeiro gol oficial e logo se tornou o maior goleador da temporada. Com o dinheiro que recebeu, não quis comprar um carro. Preferiu presentear a família com uma casa quitada.

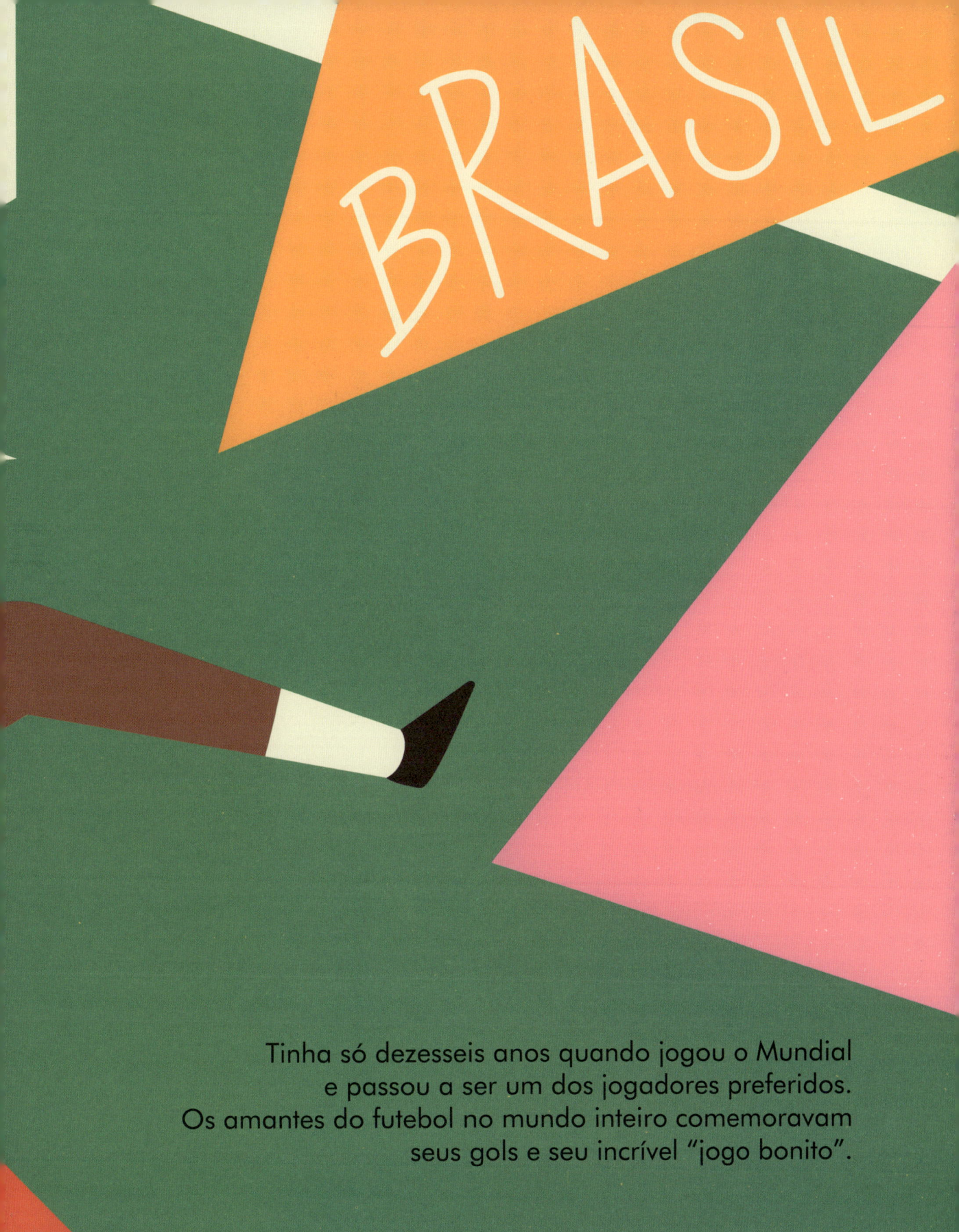

BRASIL

Tinha só dezesseis anos quando jogou o Mundial
e passou a ser um dos jogadores preferidos.
Os amantes do futebol no mundo inteiro comemoravam
seus gols e seu incrível "jogo bonito".

O Brasil ganhou a Copa do Mundo pela primeira vez na história e não só seu pai, mas o país inteiro, chorou de emoção. Os melhores times da Europa queriam contratar Pelé, mas ele ficou em casa porque ouviu seu coração.

Pelé venceu mais duas Copas do Mundo para seu país
e todos os títulos imagináveis para o Santos, ficando para a história.
Quando marcou seu milésimo gol, até os rivais
o ergueram para comemorar sua vitória.

Percorreu o mundo mostrando que o esporte
une as pessoas de qualquer cor de pele ou lugar.
Jogou no New York Cosmos com uma condição:
que crianças humildes como ele pudessem treinar e jogar.

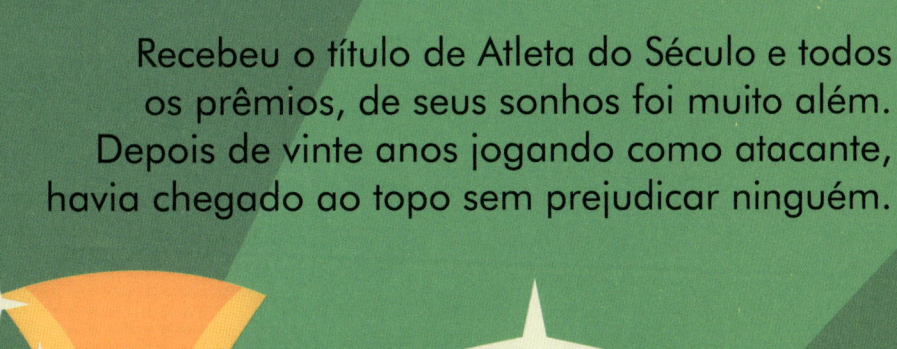

Recebeu o título de Atleta do Século e todos os prêmios, de seus sonhos foi muito além. Depois de vinte anos jogando como atacante, havia chegado ao topo sem prejudicar ninguém.

E foi assim que o pequeno Edson, o grande Pelé,
uma grande lenda do futebol se tornou.
Capaz de unir pessoas de todo o mundo
e alegrá-las toda vez que marcava um gol.

PELÉ

(Três Corações, 1940 – São Paulo, 2022)

1958

1965

O pequeno Edson Arantes do Nascimento nasceu no dia 23 de outubro de 1940, na cidade de Três Corações, em Minas Gerais, a 320 quilômetros do Rio de Janeiro. Apelidado de "Pelé" por seus colegas de escola depois de ele errar ao dizer o nome de um dos futebolistas da região, cresceu nas ruas pobres dos subúrbios, onde as pessoas viviam como conseguiam. Sem dinheiro para comprar uma bola de futebol, teve que fazer uma para jogar — enchendo uma meia com jornal. O pai o ensinou a jogar futebol, e ele economizou para comprar sua primeira bola trabalhando em lojas de chá da região onde vivia. Na juventude, Pelé jogava futebol em quadras cobertas, o que aumentava sua velocidade e o ajudou a desenvolver reações rápidas. Saindo das categorias de base, ele logo se transformou

1971

2014

em um astro. Quando se tornou o maior goleador dos times brasileiros, aos 16 anos, o presidente do Brasil o declarou um tesouro nacional. Foi ali que começou o "jogo bonito", pelo qual ficou famoso — expressando alegria e felicidade a cada gol marcado em campo. Ele marcou mais de 1000 gols em sua carreira de atleta, levando a seleção brasileira a muitas vitórias nas Copas do Mundo. E seu entusiasmo não diminuiu quando se aposentou em 1977. Nomeado embaixador da ONU para a ecologia e o meio ambiente, ele também foi eleito um embaixador da boa vontade da Unesco, dedicando seu tempo para trabalhar com crianças que cresceram na pobreza, como ele. Sempre será um dos mais icônicos futebolistas do mundo, o jogador que levou alegria, dança e paixão ao esporte.

Se você gostou da história de

Pelé

também venha conhecer...

Outros títulos desta coleção

ALBERT EINSTEIN
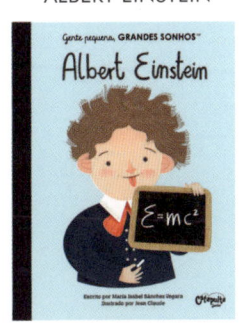

MARY SHELLEY
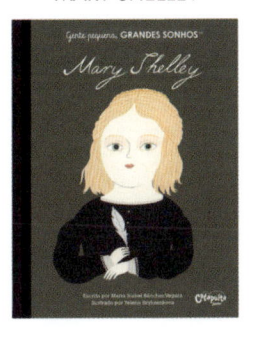

MADRE TERESA

MALALA YOUSAFZAI

COCO CHANEL

STEPHEN HAWKING

NELSON MANDELA

JOHN LENNON

ROSA PARKS

ANNE FRANK

FRIDA KAHLO

CHARLES DARWIN

MARIE CURIE

MAHATMA GANDHI

DAVID BOWIE

AYRTON SENNA

Gente pequena, **GRANDES SONHOS**™ *Pelé*
María Isabel Sánchez Vegara
Ilustrações: Camila Rosa
Título original: *Pequeño* **&GRANDE**™ *Pelé*

Coordenação editorial: Florencia Carrizo
Tradução: Carolina Caires Coelho
Revisão: Laila Guilherme
Diagramação: Pablo Ayala e Verónica Alvarez Pesce

Primeira edição. Segunda reimpressão.

Catapulta

R. Passadena, 102
Parque Industrial San José
CEP: 06715-864
Cotia – São Paulo
E-mail: infobr@catapulta.net
Web: www.catapulta.net

ISBN 978-65-5551-032-4

Impresso na China em julho de 2024.

Sánchez Vegara, María Isabel
   Gente pequena, grandes sonhos : Pelé / escrito por
María Isabel Sánchez Vegara ; ilustrado por Camila
Rosa ; [tradução Carolina Caires Coelho]. --
Cotia, SP : Catapulta, 2021. -- (Gente pequena :
grandes sonhos)

   Título original: Pequeño & grande : Pelé
   ISBN 978-65-5551-032-4

   1. Jogadores de futebol - Brasil - Biografia -
Literatura infantojuvenil 2. Literatura
infantojuvenil 3. Pelé, 1940- - Literatura
infantojuvenil I. Rosa, Camila. II. Título.
III. Série.

21-70952   CDD-028.5

Índices para catálogo sistemático:
1. Pelé : Biografia : Literatura infantil 028.5
2. Pelé : Biografia : Literatura infantojuvenil 028.5
Cibele Maria Dias - Bibliotecária - CRB-8/9427

Créditos das imagens (páginas 28-29, da esquerda para a direita) 1. O jovem brasileiro, astro internacional, Pelé, retrato. Ca. 1958, Popperfoto via Getty Images 2. Chute de Pelé visto por cima. 1965, Popperfoto via Getty Images 3. Pelé. 1971, Universal/ Corbis/VCG via Getty Images 4. Lendário ex-jogador brasileiro de futebol Pelé posa com crianças durante a cerimônia de inauguração do novo estádio de futebol na favela Mineira no Rio de Janeiro, Brasil. 2014, YASUYOSHI CHIBA/AFP via Getty Images

Primeira edição no Reino Unido e nos Estados Unidos em 2020 pela Quarto Publishing plc'.
Primeira edição na Espanha em 2020 por Alba Editorial, S.L.U.